Lenny Mika Bonk

All Colors of Life
Alle Farben des Lebens

Impressum / Imprint

Bibliografische Information der Deutschen Nationalbibliothek: Die Deutsche Nationalbibliothek verzeichnet diese Publikation in der Deutschen Nationalbibliografie; detaillierte bibliografische Daten sind im Internet über http://dnb.dnb.de abrufbar.

© 2022 Lenny Mika Bonk

Herstellung und Verlag: BoD – Books on Demand, Norderstedt

ISBN: 9783734742859

Tom,

es gibt nur wenige Menschen auf der Welt, mit denen man direkt so gut klarkommt, als kannte man sich schon ewig – du bist einer dieser Menschen für mich, und das beste Beispiel dafür, dass das Alter nebensächlich ist, wenn man einander respektiert.

Danke von Herzen für die schöne Zeit beim KdK –
ich freue mich aufs nächste Mal!

Bleib wie du bist :)

Lenny

To you.
Whoever you are.

I'm sure
there is a reason
for you to read this book.

Für dich.
Wer auch immer du bist.

Ich bin mir sicher,
es gibt einen Grund,
warum du dieses Buch liest.

Poems / Gedichte

* Accompanied by Words — 1
  Begleitet durch Worte

* What's Overlooked? — 31
  Was wird übersehen?

* Me Against the World — 37
  Ich gegen die Welt

* With A Smile — 45
  Mit einem Lächeln

* In Crowded Subways — 51
  In überfüllten U-Bahnen

* On My Way — 63
  Auf meinem Weg

* Not Nothing — 67
  Nicht nichts

* Burning Flames/Freezing Cold — 77
  Loderndes Feuer/Eisige Kälte

✶	Movie/Life Film/Leben	**83**
✶	Take a Look at the Sky Schau in den Himmel	**95**
✶	Campfire Moments Lagerfeuermomente	**101**
✶	Have You Ever? Hast du jemals?	**107**
✶	This One Person Dieser eine Mensch	**115**
✶	Lifechanging Lebensverändernd	**145**
✶	Hard to Put Into Words Kaum in Worte zu fassen	**151**
✶	Something to Hold On To Etwas zum daran festhalten	**167**

First Words

Before I begin with the actual writings, the poems, I want to say a few things. Because it's important to me that this book doesn't only make me feel good, but every single person who reads it. It's an excerpt of my life – with all the highs and lows.

This means especially that this book includes a lot of different writings. At the same time, it means that some writings are very intense and could possibly be triggering. Some of the titles say a lot about what the poem is about, but I still don't want to accidentally trigger someone.

So, this book contains writings about life. Because life has a lot of different facets. Often, life is beautiful, but that's not always the case, and that's okay. It can't be 100 percent good. There will always be difficulties. There will never be a moment in life at which we don't worry anymore for the rest of our lives. As much as I wish, as much as I hope for this to happen – it's not like that.

Erste Worte

Bevor ich mit den eigentlichen Texten, den Gedichten, beginne, möchte ich noch ein paar Worte sagen. Denn mir ist wichtig, dass dieses Buch nicht nur mir gut tut, sondern jedem einzelnen Menschen, der es liest. Es ist ein Ausschnitt aus meinem Leben – mit allen Höhen und Tiefen.

Das heißt vor allem, dass dieses Buch viele verschiedene Texte beinhaltet. Zugleich bedeutet es, dass einige Texte sehr intensiv sind und möglicherweise triggern könnten. Die Titel der einzelnen Texte sagen schon einiges darüber aus, worum es im Text geht, dennoch möchte ich niemanden aus Versehen triggern.

In diesem Buch findet ihr also Texte aus dem Leben. Denn das Leben hat viele verschiedene Facetten. Oft ist das Leben schön, aber das ist es nicht immer, und das ist auch okay. Es kann nicht zu 100 Prozent gut laufen. Es wird immer Schwierigkeiten geben. Es wird niemals einen Punkt im Leben geben, an dem man durchweg sorglos ist und es auch bleibt. So sehr ich es mir auch wünschen würde, so sehr ich auch hoffte, es wäre so – so ist es nicht.

I didn't know the term toxic positivity for a long time, but since I finally found a word for what was going through my mind since I started thinking it feels easier to deal with it.

No one is always happy and content with their lives. And I don't think that should be something we long for.

Life has so many facets; it's impossible that it's never going to be dark again. Yet that's not important. Much more important is that we learn something from every moment, no matter what it looks like. And if that means that you go to sleep after a difficult day without any success besides surviving, that's enough.

**Every day is a new chance
to get a little closer
to ourselves –
and therefore also to life.**

Toxische Positivität war mir lange kein Begriff, doch seit ich endlich ein Wort dafür habe, was das, was schon seit ich denken kann in mir vorgeht, beschreibt, fühlt es sich leichter an, einen Umgang damit zu finden.

Kein Mensch ist immer glücklich und zufrieden mit seinem Leben. Und ich finde, danach sollten wir auch nicht streben.

Das Leben halt so viele Facetten; es ist unmöglich, dass es nie wieder dunkel wird. Doch das ist auch nicht wichtig. Viel wichtiger ist, dass wir aus jedem Moment, ganz egal wie dieser aussieht, etwas mitnehmen. Und wenn das bedeutet, dass man nach einem schwierigen Tag abends ins Bett geht und nichts geschafft hat, außer zu überleben, dann ist das genug.

Jeder Tag ist eine neue Chance, uns selbst – und damit auch dem Leben – ein Stück näher zu kommen.

Surviving is a success that a lot of people often don't (or can't) see, yet for me it's the biggest success. If I hadn't held on to life, no matter how hard it was for me, I couldn't type these words.

**Just for that it was worth it –
and for so much more.**

Writing has always accompanied me.

And that's exactly why I want to begin this book with a poem that summarizes why I write, how I started, and what effect it has on me.

Überleben ist ein Erfolg, den viele Menschen oft nicht sehen (können), doch für mich ist überleben der größte Erfolg. Hätte ich nicht am Leben festgehalten, egal wie schwer es für mich war, könnte ich nun auch nicht diese Zeilen tippen.

**Allein dafür hat es sich gelohnt –
und für so viel mehr.**

Das Schreiben hat mich schon immer begleitet.

Und genau deshalb möchte ich dieses Buch mit einem Text beginnen, der zusammenfasst, warum ich schreibe, wie es dazu kam und was es mit mir macht.

Accompanied by Words

I dedicate my time to words.

I'm writing and writing,
no end is in sight –
because I'm writing
to set myself free from
what's going on inside my head.

The words find their way on the paper,
or in the keys,
no matter where

They find their way,
and by that they set off
into the world

I want to write –
I don't want to do anything but writing,
only writing clears my mind

Because my mind is full.

Begleitet durch Worte

Meine Zeit widme ich den Worten.

Ich schreibe und schreibe,
kein Ende ist in Sicht –
denn ich schreibe,
um mich davon zu befreien,
was mir durch den Kopf geht

Die Worte finden den Weg aufs Papier
oder in die Tasten,
egal wohin

Sie finden ihren Weg
und machen sich damit auf den Weg
in die Welt

Ich möchte schreiben –
möchte nichts anderes mehr tun als schreiben,
nur schreiben befreit meinen Kopf

Denn mein Kopf ist voll.

My mind is filled with thoughts –
about you,
about me,
about us,
about life,
and everything that goes within life

So I sit here and write.

I'm writing texts over texts over texts,
put the words on paper,
yet I don't even know
what to do with myself anymore

Do I want to find you?
Do I want to find myself?
Do I want to find us?

Where do I want to go?
Where is this life taking me?
What's the sense of life anyway?

I'm asking myself
what's the sense of life,
yet I can't find the answer.

Mein Kopf ist voll mit Gedanken
an dich,
an mich,
an uns,
an das Leben
und alles was das Leben mit sich bringen mag

So sitze ich hier und schreibe.

Ich schreibe Texte über Texte über Texte,
bringe die Worte aufs Papier,
doch weiß gar nicht mehr,
wohin mit mir

Will ich zu dir?
Will ich zu mir?
Will ich zu uns?

Wohin will ich eigentlich?
Wohin führt mich dieses Leben?
Was hat das Leben für einen Sinn?

Ich frage mich,
was der Sinn des Lebens ist
und finde keine Antwort.

I'm searching for the answer
in words,
in sentences –
I'm writing letter by letter,
word by word

Words build sentences –
letters build words
and these words build sentences,
yet I can't seem to arrive at my destination

And so I sit here and write.

I'm writing a text about
how much writing helps me
to find my way,
yet I can't find my way

I just can't find my way,
as much as I would like to find it.

I don't know
where's left,
and where's right?

Ich suche die Antwort
in Worten,
in Sätzen,
schreibe Buchstabe für Buchstabe,
Wort für Wort

Worte bilden Sätze
Buchstaben bilden Worte
und diese Worte bilden Sätze,
doch komme ich nicht an meinem Ziel an

Und so sitze ich hier und schreibe.

Ich schreibe einen Text darüber,
wie sehr mir das Schreiben hilft
meinen Weg zu finden,
doch finde meinen Weg nicht

Ich finde meinen Weg einfach nicht,
so gern ich ihn auch finden würde.

Ich weiß nicht
wo ist links
und wo ist rechts?

What's right,
what's wrong?

Is there even right or wrong?

Should I not just run out into the world,
like I'm screaming my words out into the world?

I don't know.

I don't know
where life may take me

Does it take me to myself;
does it take me to you?

Where does this life take me?
I don't know.

And now I'm sitting here,
writing the words on my paper,
and I'm asking myself:

Where are we?

Was ist richtig,
was ist falsch?

Gibt es überhaupt richtig und falsch?

Sollte ich nicht einfach hinauslaufen in die Welt
so wie ich die Worte in die Welt schreie?

Ich weiß es nicht.

Ich weiß nicht,
wohin mich das Leben führen mag

Führt es mich zu mir,
führt es mich zu dir?

Wohin führt mich dieses Leben?
Ich weiß es nicht.

Und nun sitze ich hier,
schreibe die Worte aufs Papier
und frage mich

Wo sind wir?

Where is me?
Where are you?
What are we doing here?

So I dedicate my time to words.

I dedicate my time to words,
no end is in sight,
far and wide,
yet I don't even know
what to do with myself anymore

If not to you,
where am I supposed to go? –
Where is this life taking me?

Does life have any meaning at all?

And so I'm sitting here,
writing my words on the paper,
and I don't know
if I will ever arrive

Wo ist das Ich?
Wo ist das Du?
Was machen wir hier überhaupt?

Also widme ich meine Zeit den Worten.

Ich widme den Worten meine Zeit,
kein Ende ist in Sicht,
weit und breit,
und ich weiß gar nicht mehr
wohin mit mir

Wenn nicht zu dir,
wohin soll ich gehen –
wo bringt mich das Leben hin?

Hat das Leben überhaupt einen Sinn?

Und so sitze ich hier,
schreibe die Worte aufs Papier
und weiß nicht
ob ich überhaupt noch ankomme

At you,
at myself,
wherever –

I don't know.

I don't know,
so I'm sitting here,
writing my words on the paper
and I despair of
not knowing
where I want to go,
and where I can go,
and where I'm allowed to go

Where am I supposed to go?
Who am I?
What do I want to be?

I don't know.

Bei mir,
bei dir,
wo auch immer –

Ich weiß es nicht.

Ich weiß es nicht,
also sitze ich hier
und schreibe die Worte aufs Papier
und verzweifle daran,
nicht zu wissen,
wo ich hin will
und wohin ich kann
und wohin ich darf

Wohin soll ich?
Wer bin ich?
Was will ich sein?

Ich weiß es nicht.

And while searching for the answers
to all the questions in my head
I'm dedicating my time to words –
to do anything
that brings me closer to myself,
maybe

But will I really arrive at myself?
I don't know.

The only thing I know is
that I have to find the way,
no matter where it may lead me.

So I'm dedicating my time to words,
and I'm writing them down –
no matter if on paper or digitally,
it makes no difference

The only thing that matters is
to create some space for my words,
to scream them into the world –
to possibly
get a little closer to myself

Und auf der Suche nach den Antworten
auf all die Fragen in meinem Kopf
widme ich meine Zeit den Worten –
um irgendwas zu tun,
das mich näher zu mir bringt,
vielleicht

Doch komme ich wirklich bei mir an?
Ich weiß es nicht.

Ich weiß bloß,
dass ich den Weg finden muss,
wohin auch immer er mich führen mag.

Also widme ich meine Zeit den Worten
und schreibe sie nieder,
ob auf Papier oder digital –
es spielt keine Rolle

Das Einzige, was zählt,
ist, den Worten Raum zu geben,
sie in die Welt hinauszuschreien
und so vielleicht
ein Stück näher zu mir zu finden

Or wherever,
it makes no difference where –
it doesn't matter
as long as my words have their space,
and I'm not losing myself completely

So I'm dedicating my time to words,
write line by line,
no end is in sight,
and I don't know
what to do anymore
besides writing

Because writing is
what gives me strength

on every single day.

Word by word
I'm gaining strength
when I'm dedicating my time to words
and making some space for them

Oder wohin auch immer,
es spielt keine Rolle wohin,
es ist nebensächlich,
solange die Worte einen Raum haben
und ich mich nicht komplett verliere

Also widme ich den Worten meine Zeit,
schreibe Zeile für Zeile,
kein Ende ist in Sicht
und weiß gar nicht mehr
was ich sonst tun soll,
wenn nicht schreiben

Denn das Schreiben ist es,
das mir Kraft gibt,

Tag für Tag.

Wort für Wort
schöpfe ich Kraft daraus,
den Worten meine Zeit zu widmen
und ihnen einen Raum zu bieten

A way out of my head,
out into the wide world,
and possibly
get a little closer to myself

And if not to myself,
then maybe to you,
or wherever

It makes no big difference –
as long as the words get their space,
that I offer
by dedicating my time to them

I feel like a machine,
I can barely stop writing –
the words are flowing out of me

Out of my head
into the world –
searching for their way,
the way they always needed
but never got.

Until now.

Einen Weg hinaus aus dem Kopf,
hinaus in die weite Welt
und somit vielleicht
auch einen Weg zu mir zu finden.

Und wenn nicht zu mir,
dann vielleicht zu dir
oder wohin auch immer

Es spielt keine große Rolle,
solange die Worte ihren Raum haben,
den ich ihnen biete,
indem ich ihnen meine Zeit widme

Ich fühle mich wie eine Maschine,
kann kaum aufhören zu schreiben –
die Worte fließen aus mir raus

Aus meinem Kopf
in die Welt hinaus –
und suchen sich den Weg,
den sie schon immer brauchten,
doch nie bekommen haben

Bis jetzt.

Now I'm screaming them out into the world.

I finally give them the space
they have always deserved.

I'm screaming as loud as I can:

Out, out!
Find your way!
Let's go, words, I offer you your way!

Finally I can offer you the way
you have always deserved.

So, let's go,
get on your way,
begin your journey,
run out into the world,
and search for an open ear

You will find someone
who hears you,
who wants to understand,
and can understand you

Nun schreie ich sie hinaus in die Welt.

Gebe ihnen endlich den Raum,
den sie schon immer verdienten.

Ich schreie so laut ich kann:

Hinaus, hinaus!
Sucht euch euren Weg!
Los, Worte, ich biete euch den Weg!

Endlich kann ich euch den Weg bieten,
den ihr schon immer verdient hattet.

Also los,
macht euch auf den Weg,
beginnt eure Reise,
lauft hinaus in die Welt
und sucht euch ein offenes Ohr

Es wird sich jemand finden,
der euch hört,
der euch verstehen will,
und auch verstehen kann

Because even if
it seemed like nobody could understand
what's going on inside my head
for a very long time –
today I'm offering my words their space

I'm screaming them out into the world,
and showing them the way
they have always deserved

I'm screaming my words out into the world,
show them the way
that was so long until now,
and will be even longer –
but I made the first step

Out of my head,
into the world!

Go your way,
search for ears that hear,
and that understand
what you mean

Because you have always had a meaning.

Denn auch,
wenn es lange so schien,
als könnte niemand verstehen,
was mir durch den Kopf geht,
so biete ich heute meinen Worten einen Raum

Schreie sie hinaus in die Welt
und zeige ihnen den Weg
den sie schon immer verdienten

Ich schreie die Worte hinaus in die Welt,
zeige ihnen den Weg,
der bis hier her so lang war
und noch länger sein wird –
doch der erste Schritt ist getan

Raus aus dem Kopf,
hinaus in die Welt!

Geht euren Weg,
sucht nach Ohren die hören
und die verstehen,
was ihr zu bedeuten habt

Denn ihr hattet schon immer eine Bedeutung.

No single word was ever useless,
not one in all these years,
and I never stopped writing

I have never stopped writing.

Since I first started,
these words accompany me through life.

And now
I'm standing here,
screaming my words into the world,
and finally giving them the space
they have always deserved.

I'm finally feeling free,
because I can offer my words their way –
out of my head,
into the world!

So listen,
listen to me!

Listen to my words,
they have a meaning!

Kein einziges Wort war sinnlos,
nicht eins in all den Jahren
und nie habe ich aufgehört zu schreiben

Ich habe nie aufgehört zu schreiben.

Seit ich einmal anfing
begleiten mich diese Worte durchs Leben.

Und nun
stehe ich hier,
schreie meine Worte in die Welt hinaus,
gebe ihnen endlich den Raum,
den sie schon immer verdienten

Fühle mich endlich frei,
weil ich den Worten einen Weg bieten kann –
aus dem Kopf heraus,
hinaus in die Welt

Also hört,
hört mir zu!

Lauscht meinen Worten,
sie haben einen Sinn!

My words always had a meaning,
yet nobody ever understood it.

And maybe it's you –
maybe you are the first person
to understand.

I don't know –
but I know
that there are people
that want to understand,
and can understand

So, come on,
listen to me!

Give my words a chance!

They have a meaning –
they have always had one –

and nothing will change something about it.

Sie hatten schon immer einen Sinn,
doch hat es nie jemand verstanden.

Und vielleicht bist du es –
vielleicht bist du der erste Mensch,
der versteht.

Ich weiß es nicht,
aber ich weiß,
dass es Menschen gibt,
die verstehen wollen
und auch verstehen können

Also los,
hör mir zu!

Gib meinen Worten eine Chance!

Sie haben einen Sinn,
den hatten sie schon immer –

und das wird sich nicht ändern

My words have a meaning.
And if the only meaning is
that they find their way
out of my head,
it's enough.

Because that's the only way
to free my thoughts.

To put them into words,
put them in lines
with more words
and share these lines
with the world

So I'm sharing my words with the world.

I carry them with me,
like a parent carries a child

I hold them close,
like a loving hug -

and never let go.

Meine Worte haben Sinn
und wenn der einzige Sinn ist,
dass sie einen Weg finden,
raus aus dem Kopf,
ist das schon Sinn genug.

Denn nur so kann ich
meine Gedanken befreien.

Sie in Worte verpacken,
zusammen mit weiteren Worten
in Zeilen packen
und diese Zeilen
in die Welt hinaustragen

Also trage ich meine Worte in die Welt.

Ich trage sie bei mir,
wie Eltern ihr Kind

Ich halte sie fest,
wie bei einer liebevollen Umarmung -

und lasse sie nicht mehr los.

Because they have always accompanied me.

It's the same right now,
and it will always be this way –
because words
are my most faithful companions

And that's what they have always been.

**Please don't forget these lines
while you're reading my following words.**

Denn immer schon haben sie mich begleitet.

So auch heute
und so wird es immer sein –
denn Worte
sind meine treuesten Begleiter

Und das waren sie schon immer.

Bitte vergiss diese Zeilen nicht,
während du meine folgenden Worte liest.

What's Overlooked?

When I think about life,
a lot of things pop up in my head –
bright and colorful things,
but also darkness

Sometimes,
nothing makes sense –
everything hurts
and it seems
like there is no reason
to keep going

It's okay to feel that way, but
there's something related to that
that's not okay at all

Some people
don't see the pain
in other people's faces,
some people don't see anything
that's going wrong

Was wird übersehen?

Wenn ich über das Leben nachdenke,
fallen mir viele Dinge ein –
helle und bunte Dinge,
aber auch Dunkelheit

Manchmal
ergibt nichts Sinn –
alles tut weh
und es kommt einem vor
als gäbe es keinen Grund
um weiterzumachen

Es ist okay, sich so zu fühlen, aber
es gibt etwas damit Verbundenes,
das absolut nicht okay ist

Manche Menschen sehen
den Schmerz in den Gesichtern
anderer Menschen nicht,
manche Menschen sehen nichts,
das schiefläuft

They just overlook everything
they don't want to see,
they overlook
every bit of negativity –
for whatever reason

And that's not okay.

It's okay
not to be okay,
but it's never okay
not to care about
how other people feel
or what they're dealing with

You can't just
overlook everything
that contains a little bit
of negativity
because it may be
hard to understand
or whatever your reason is

Of course it's hard, but

Sie übersehen einfach alles,
was sie nicht sehen wollen,
sie übersehen
jedes bisschen Negativität –
aus welchem Grund auch immer

Und das ist nicht okay.

Es ist okay,
nicht okay zu sein,
aber es ist niemals okay
sich nicht dafür zu interessieren
wie es anderen Menschen geht
oder womit sie zu kämpfen haben

Man kann nicht einfach
alles ausblenden,
das ein kleines bisschen
Negativität beinhaltet,
bloß weil es
schwer verständlich sein kann
oder was auch immer der Grund ist

Natürlich ist es hart, aber

There are people
who are suffering
on every single day –
it keeps getting worse and worse
and it seems like it won't ever change

You're happily
not one of them,
but that doesn't mean
that you're allowed
to ignore this fact –
because this is

the reality
of
so
many
people

It's definitely hard
to know that,
but

**it's not that hard
to be human.**

Es gibt Menschen,
die an jedem einzelnen Tag leiden –
es wird schlimmer und schlimmer,
und es scheint so,
als würde sich nie etwas ändern

Du bist glücklicherweise
keiner von ihnen,
doch das heißt nicht,
dass du dazu berechtigt bist,
diesen Fakt zu ignorieren –
denn es ist

die Realität
von
so
vielen
Menschen

Es ist definitiv schwer,
das zu wissen,
doch

es ist nicht so schwer,
menschlich zu sein.

Me Against the World

Now I'm standing here
alone in the rain,
around me the world is ending,
and I'm wondering
how I deserve
to be alone
again

The whole world is against me –
at least that's how I feel –
maybe I need to face it
the way it faces me:

Me against the world,
that's my new mantra –
starting today,
nobody can hurt me anymore!

Look at me, world –
this won't be the end of me,
no!

Ich gegen die Welt

Nun stehe ich hier
allein im Regen,
um mich herum geht die Welt unter
und ich frage mich,
womit ich es verdient habe
schon wieder
allein zu sein

Die ganze Welt ist gegen mich –
so kommt es mir zumindest vor –
vielleicht muss ich ihr gegenübertreten
wie sie mir:

Ich gegen die Welt,
so lautet mein neues Motto –
ab heute
kann mir keiner mehr was!

Schau mich an, Welt,
dies wird nicht mein Untergang sein,
nein!

And if that means
I have to swim –
I'll swim,
but I won't drown

I've had enough, world!

You destroyed me so much,
now it's my turn
to make things better –
for me
and for that part of the world,
that would never harm someone

Even though I'm standing here,
alone in the rain,
and it seems
like the world is ending,
it's not going to be like this

Und wenn es bedeutet,
dass ich schwimmen muss,
dann werde ich schwimmen,
doch untergehen werde ich nicht

Es reicht mir, Welt!

Du hast mich genug zerstört,
nun bin ich an der Reihe
etwas zu verbessern –
für mich
und den Teil der Welt,
der niemals jemandem schaden würde

Und auch, wenn ich hier stehe,
ganz allein im Regen,
und es scheint
als würde die Welt untergehen,
es wird nicht so sein

The rain is pouring from the sky,
hitting on my face,
but as much as I feel it,
deep inside I feel nothing –
nothing, but strength!

Because I finally feel myself,
and that I'm stronger
than the world sees me

I'm not weak!

Maybe I feel like I am,
sometimes I do –
but deep inside of me
I know I'm not

I'm different,
stronger than I thought,
and the rain
falling on me from the sky
doesn't mean I'm losing at all

Tropfen fallen vom Himmel,
schlagen auf in meinem Gesicht,
doch so sehr ich sie auch spüre,
ich fühle nichts –
nichts, außer Macht!

Denn endlich spüre ich mich,
und dass ich stärker bin
als wie die Welt mich sieht

Ich bin nicht schwach!

Vielleicht kommt es mir so vor,
manchmal fühle ich mich so –
doch tief in mir weiß ich
es ist anders

Ich bin anders,
stärker als gedacht
und der vom Himmel
auf mich treffende Niederschlag
ist noch lange keine Niederlage

Me against the world
was never supposed to be my mantra,
yet I'm standing here,
soaking wet,
alone in the rain,
and I decided:

If it's necessary,
I'll fight alone against the world,
because I care too much about myself
that I could just give up now

You'll see
what you did, world –

you challenged the wrong one!

Ich gegen die Welt
sollte nie mein Motto sein,
doch nun stehe ich hier
komplett durchnässt,
allein im Regen,
und habe einen Entschluss gefasst:

Wenn es sein muss
kämpfe ich allein gegen die Welt,
denn ich bin mir selbst zu wichtig
um an dieser Stelle einfach aufzugeben

Du wirst schon sehen,
was du davon hast, Welt –

du hast dich mit dem Falschen angelegt!

With A Smile

I want to walk through the streets
with a smile on my face,
and enjoy this life
with all ups
and downs.

I want to look back at the past
with a smile on my face,
and stop asking myself
what would be different now
if it had been different then.

I want to welcome
every moment of life
with a smile on my face,
instead of doubting
all day long.

Mit einem Lächeln

Ich möchte mit einem Lächeln
durch die Straßen ziehen,
das Leben genießen
mit allen Höhen
und Tiefen.

Ich möchte mit einem Lächeln
auf vergangene Zeiten zurückblicken
und aufhören mich zu fragen
was heute anders wäre,
wäre es anders gelaufen.

Ich möchte mit einem Lächeln
jeden Moment des Lebens
begrüßen, anstatt
rund um die Uhr
zu zweifeln.

I want to look in the mirror
with a smile on my face,
and recognize me –
no matter what.

I want to talk about who I am
and what I want to achieve in life
with a smile on my face,
instead of not knowing
how to put my dreams
into words.

I want to talk about
my goals and dreams
with a smile on my face –
without this annoying voice
in my head
that tells me I'm
not worth anything.

Ich möchte mit einem Lächeln
in den Spiegel schauen
und mich darin erkennen,
unabhängig von allen Umständen.

Ich möchte mit einem Lächeln
darüber sprechen wer ich bin
und wohin mich das Leben führt,
anstatt nicht zu wissen,
wie ich meine Träume
formulieren kann.

Ich möchte mit einem Lächeln
über meine Ziele
und Träume sprechen,
ohne diese nervige Stimme
im Kopf
die mir einredet,
nichts wert zu sein.

I want to take something positive
out of everything
with a smile on my face –
and not just keep telling myself
that there is something positive.

I want to walk through life
with a smile on my face,
and experience everything
like I just described
instead of just wishing for it.

But as much as I wish for it,
the reality looks different.

Ich möchte mit einem Lächeln
aus allem etwas Positives
mitnehmen und
es mir nicht bloß
einreden.

Ich möchte mit einem Lächeln
durch mein Leben ziehen und
all das so erleben dürfen,
wie ich es soeben beschrieb,
anstatt es mir nur zu wünschen.

Doch so sehr ich es mir auch wünsche,
die Realität sieht anders aus.

In Crowded Subways

Another day,
another moment

I'm standing at the platform,
waiting for my subway
to arrive

Three minutes left.

Everywhere around me are people,
one more different than the other,
hectic movements, empty faces –
and we're waiting together
for the subway to arrive

Two minutes left.

In überfüllten U-Bahnen

Ein neuer Tag,
ein neuer Moment

Ich betrete den Bahnsteig
und warte darauf,
dass die U-Bahn einfährt

Noch drei Minuten.

Überall um mich rum Menschen,
jeder verschiedener als der andere,
hektische Bewegungen, leere Blicke
und wir warten gemeinsam darauf,
dass die U-Bahn einfährt

Noch zwei Minuten.

Even more people are coming,
I can barely see the ground,
the air gets thinner –
and we all are waiting
for the subway
to arrive.

One minute left.

The rails' noises,
the engine's roars,
the door's squeaking –
the moment has come.

The subway is there.

I'm staring at the windows,
but the only thing I see
are tons of people –

of course the subway is crowded.

Noch mehr Menschen
stellen sich dazu,
kaum noch Boden ist zu erkennen,
die Luft wird dünner
und alle warten darauf,
dass die U-Bahn einfährt

Noch eine Minute.

Die Geräusche der Schienen,
das Heulen des Motors,
das Quietschen der Türen,
der Moment ist gekommen

Die U-Bahn fährt ein.

Der Blick gerichtet auf die Fenster,
überall sehe ich Menschen,
kaum etwas anderes ist zu erkennen –

natürlich ist die U-Bahn überfüllt

It's getting slower, then it stops,
the doors are opening,
a few people get off,
many more people get on
this crowded subway.

Searching for a way to get on,
for a moment it seems impossible
but I manage to get on the subway –
this crowded subway
filled with empty people

People with empty looks,
what are they thinking about?

Are they as annoyed as I am
because there's not much space,
just barely air to breathe?

The ride is starting,
and at every station
more people get on,
just a few are getting off

Do we all have the same destination?

Sie wird langsamer, hält an,
die Türen öffnen sich,
ein paar Menschen steigen aus,
viel mehr Menschen steigen ein
in diese überfüllte U-Bahn

Suche einen Weg hinein,
kurzzeitig scheint es unmöglich,
doch schaffe ich es in die U-Bahn –
diese überfüllte U-Bahn
voll mit leeren Menschen

Menschen mit leeren Blicken,
woran sie wohl denken?

Sind sie genauso genervt davon,
dass es hier kaum Platz,
kaum Luft zum Atmen gibt?

Die Fahrt geht los
und Station für Station
steigen mehr Menschen ein,
nur wenige steigen aus

Haben wir alle dasselbe Ziel?

"Next station: Alexanderplatz,"

that's what the announcement says,
and it's almost impossible to believe
how many people stand up –
they are standing up
and walking to the doors
to get off here

It feels like the subway is empty again,
it feels like I'm alone on it,
but the reality looks different

People are getting off and on
at every next station,
movements everywhere

The world seems to
spin faster in this moment.

But at the same time
the world is standing still,
at least inside of me,
because in the middle of the crowd
I feel invisible.

„Nächster Halt: Alexanderplatz"

ertönt es aus den Lautsprechern
und es ist kaum zu glauben,
wie viele Menschen sich erheben –
sie stellen sich hin
und laufen zu den Türen,
um hier auszusteigen

Gefühlt ist die U-Bahn wieder leer,
gefühlt bin ich alleine hier,
doch die Realität ist eine andere

An jeder weiteren Station
steigen Menschen aus und ein,
überall herrscht Bewegung

Die Welt scheint sich schneller
zu drehen in diesem Moment.

Doch zugleich
steht die Welt still,
zumindest in mir,
denn inmitten der Menschenmassen
fühle ich mich unsichtbar.

I feel
like nobody would see me,
like I'm not even there,
not existing anymore

That's life in the city.

But as negative as it might sound,
it's not negative,
on the contrary,
I enjoy moments like these

Not there for a moment,
invisible for a moment,
nobody notices me
and it's quiet inside of me

As hectic as city life is,
it calms me down in a way.

Ich fühle mich,
als würde mich niemand sehen,
als wäre ich gar nicht da,
nicht mehr existent

So ist das Leben in der Stadt.

Doch so negativ es klingen mag,
das ist es nicht,
im Gegenteil,
ich genieße diese Momente

Für einen Moment nicht da,
für einen Moment unsichtbar,
niemand nimmt mich wahr
und in mir drin ist es ruhig

So hektisch das Stadtleben auch ist,
auf eine Art beruhigt es mich.

No expectations from others,
because we're all strangers –
we don't know each other,
seeing each other for the first
and probably for the last time as well

Now I'm sitting here
in this crowded subway
on the way to my destination,
yet I already achieved
so many goals

After all I'm sitting here
in this crowded subway
somewhere in the capital –

and I feel free.

Keine Ansprüche anderer Menschen,
denn wir alle sind uns fremd –
wir kennen uns nicht,
sehen uns zum ersten
und vermutlich auch zum letzten Mal

Nun sitze ich hier also
in dieser überfüllten U-Bahn
auf dem Weg zu meinem Ziel
und habe doch schon
so viele Ziele erreicht

Schließlich sitze ich hier
in dieser überfüllten U-Bahn
inmitten der Hauptstadt –

und ich fühle mich frei.

On My Way

On my way
it was not always easy –
on the contrary,
most of the time it was hard
and it only got harder
instead of getting easier

On some days
I don't know
how it's possible
to smile
or to think clearly

On some days
I have trouble
leaving my bed
or even opening my eyes

Auf meinem Weg

Auf meinem Weg
war es nicht immer leicht –
im Gegenteil,
die meiste Zeit war es hart
und es wurde bloß härter,
anstatt dass es erträglicher wurde

An manchen Tagen
weiß ich nicht,
wie es funktioniert
zu lächeln
oder klar zu denken

An manchen Tagen
fällt es mir schwer,
mein Bett zu verlassen
oder überhaupt die Augen zu öffnen

Because on some days
I feel like nothing makes sense,
as if the whole world is against me,
and I will be alone
until the end of time

But on my way
I also learned a lot.

Especially one thing:

no matter how hard it is,
how meaningless it seems,
or how lonely I'm feeling –
someday the day will come
on which the clouds disappear
and the sun is shining again.

And I'm walking towards this day.

Denn an manchen Tagen
fühle ich mich,
als hätte nichts einen Sinn,
als wäre die ganze Welt gegen mich
und ich stünde für immer allein da

Doch auf meinem Weg
habe ich auch einiges gelernt.

Vor allem jedoch eins:

Egal wie hart es ist,
wie sinnlos es mir vorkommt
oder wie allein ich mich fühle –
der Tag wird kommen,
an dem die Wolken verschwinden
und die Sonne wieder scheint

Und genau auf diesen Tag laufe ich zu.

Not Nothing

What's wrong?
Nothing.

I mean,
not nothing,
but nothing
I could say out loud

How am I supposed
to find the words
to describe this nothing
that's not nothing,
but maybe
even less than nothing?

You ask me what's wrong
and I respond,
„It's nothing." –
yet we both know:

it's not nothing,
I just can't find the words
to describe what's going on.

Nicht nichts

Was los ist?
Nichts.

Ich meine,
nicht nichts,
doch nichts,
das ich aussprechen kann

Denn wie sollte es mir möglich sein,
dieses Nichts,
das nicht nichts,
vielleicht jedoch noch weniger
als nichts ist,
in Worte zu fassen?

Du fragst mich was los ist
und ich sage
„Es ist nichts." –
doch wir beide wissen:

Es ist nicht nichts,
ich finde bloß die Worte nicht,
um es zu beschreiben.

So I say,
"It's nothing." –
even though we both know
that it's not nothing,
and this nothing –
that's not nothing,
but not possible
to be put into words –
takes control over me

What I can do against that?
Nothing.

But it's not nothing;
it's so much more than nothing –
yet nothing
I can put into words

Also sage ich
„Es ist nichts.",
obwohl wir beide wissen,
dass nicht nichts ist,
und dieses Nichts –
das nicht nichts ist,
sich jedoch nicht
in Worte fassen lässt –,
übernimmt die Kontrolle über mich

Was ich dagegen tun kann?
Nichts.

Doch es ist nicht nichts,
es ist so viel mehr als nichts –
und doch nichts,
das ich in Worte fassen kann

At least not better than
"It's nothing,
well, not nothing, but...
I can't find the words
to describe what's going on."

So I say,
"It's nothing." –
and stick with it

It's not nothing,
but I'm missing words,
and I'm losing control
over everything and nothing

Well, not nothing,
yet so much less than everything,
at the same time so much more
than nothing –

but I don't say anything.

Zumindest nicht besser als
„Es ist nichts,
also nicht nichts, aber...
Ich finde die Worte nicht
um es zu beschreiben."

Also sage ich
„Es ist nichts."-
und bleibe dabei

Es ist nicht nichts,
doch fehlen mir die Worte
und ich verliere die Kontrolle
über alles und nichts

Also nicht nichts,
doch viel weniger als alles,
zugleich so viel mehr
als nichts –

und doch sage ich nichts.

At least not more than
"It's nothing." -
because even though
it's not nothing,
I can't say it out loud

Because this nothing,
that's not nothing,
takes my breath away
and it's driving me insane -
yet I don't say anything

At least not more than
"It's nothing."

Even though it's not nothing -
it's so much more than nothing!

But I have no words for it
and I'm feeling
like this nothing,
that's so much more than nothing -
and even if it's not much,
it's still not nothing -
is stuck in my throat,
and makes it harder to breathe

Zumindest nicht mehr als
„Es ist nichts." –
denn auch,
wenn nicht nichts ist,
kann ich es nicht aussprechen

Denn dieses Nichts,
das nicht nichts ist,
raubt mir den Atem
und bringt mich um den Verstand –
und doch sage ich nichts

Zumindest nicht mehr als
„Es ist nichts."

Obwohl nicht nichts ist –
es ist so viel mehr als nichts!

Doch ich habe keine Worte
und ich fühle mich,
als steckte dieses Nichts,
das so viel mehr als nichts ist –
und selbst wenn nicht viel,
dann ist es dennoch nicht nichts –
in meinem Rachen
und erschwert mir jeden Atemzug

But even if you ask again
"What's wrong?"
I would respond
"It's nothing."
because I'm missing words
to say out loud
what's going on

And I don't even really know myself.

All that I know is:
It's not nothing.

It's everything and nothing,
yet so much less than everything,
at the same time so much more
than nothing –

But in the end
I don't have the words
or the strength
to search for words

So I prefer to say,
"It's nothing." –
and stick with it

Doch auch, wenn du nochmal fragst,
„Was ist los?"
antworte ich wieder nur
„Es ist nichts.",
denn mir fehlen die Worte
um aussprechen zu können,
was los ist

Und so richtig weiß ich es ja selbst nicht.

Alles, was ich weiß, ist:
Es ist nicht nichts.

Es ist alles und nichts,
und doch viel weniger als alles,
zugleich so viel mehr
als nichts –

Doch letztendlich
fehlen mir die Worte,
und auch die Kraft
um nach Worten zu suchen

Also sage ich lieber
„Es ist nichts."
und bleibe dabei

Burning Flames/Freezing Cold

The world is freezing,
all you can see is ice;
cold wind is blowing
through the streets

At the same time
the flames are burning;
everything is burning down –
and I'm in the middle of the fire

Between ice and flames,
I'm trapped

I'm standing
in the middle of the chaos,
and I don't know where to go

Where can I go?
Where am I supposed to go?
Where am I allowed to go?

I don't know.

Loderndes Feuer/Eisige Kälte

Die Welt gefriert,
überall nur Eis zu sehen,
kalter Wind weht
durch die Straßen

Gleichzeitig
lodert das Feuer,
alles brennt ab
und ich stehe mittendrin

Zwischen Eis und Flammen
bin ich gefangen

Inmitten des Chaos
stehe ich
und weiß nicht wohin

Wohin kann ich?
Wohin soll ich?
Wohin darf ich?

Ich weiß es nicht.

And I'm asking myself:
What is all this for?
What did I do to deserve this?
Why is everything playing against me?

Everything feels like a movie,
over and over again,
up and down,
and as fast
as it goes up,
it can go down as well

And I'm going down.

I'm frozen in the ice;
the flames can't unfreeze me

They are just smiling at me,
as if they would want to say

"Haha,
we're burning
and we're hot,
but we're not going to help you"

Und ich frage mich:
Wozu das alles?
Womit habe ich das verdient?
Warum spielt alles gegen mich?

Es fühlt sich an wie im Film,
immer und immer wieder,
es geht auf und ab
und so schnell
wie es nach oben geht
kann es auch nach unten gehen

Also gehe ich unter.

Ich gefriere im Eis,
die Flammen tauen mich nicht auf

Sie grinsen mich nur blöd an,
als würden sie sagen wollen

„Haha,
wir brennen
und sind heiß,
doch dir helfen wir nicht"

On the contrary,
they make everything worse

Everything inside me hurts,
I can barely move –
everything is frozen,
the world and on my inside

Especially on my inside.

And the burning flames
all around me
just keep smiling at me,
burning everything down –
everything but me

They let me freeze to death.

Im Gegenteil,
sie machen alles schlimmer

In mir tut alles weh,
kaum noch kann ich mich bewegen,
alles ist gefroren,
in der Welt und in mir

Vor allem in mir.

Und die lodernden Flammen
um mich herum
grinsen mich nur blöd an,
brennen alles ab –
außer mich

Mich lassen sie erfrieren.

Movie/Life

Life is a movie,
at least that's my impression -
constantly changing,
endless ups and downs,
and I'm in the middle of it

In the middle of this movie
that's called "the life"
but feels so surreal -
and I'm asking myself:

how is it possible that
nothing feels real?
Everything feels like a movie,
the events come thick and fast,
and everything somehow fits together,
even though there is no connection.

As if it was not life,
but a movie
with a chaotic script

Film/Leben

Das Leben ist ein Film,
so kommt es mir zumindest vor –
stetig im Wandel,
ein ewiges auf und ab,
und ich bin mittendrin

Mitten in diesem Film
der sich „das Leben" nennt,
sich doch so surreal anfühlt –
und ich frage mich

Wie kann es sein, dass
sich nichts real anfühlt,
alles so sehr Film ist,
sich die Ereignisse überschlagen,
und alles irgendwie zusammenpasst
auch wenn es keine Verbindung hat

Als wäre dies kein Leben,
sondern ein Film
mit einem chaotischen Drehbuch

Life is a movie,
at least that's my impression –
because all that's happening,
what's happening
and how I feel,
none of it can be real

How can this be real?

Lost in this movie
I'm walking through life,
and I'm asking myself:

how is it possible that
my life is so much like a movie,
more like a movie than a life?
Everything seems planned
even though nothing was
predictable ever –

like in a movie,
more drama than everything else,
and I'm the middle of it

Das Leben ist ein Film,
so kommt es mir zumindest vor –
denn all die Situationen,
all das, was passiert,
und wie ich es empfinde,
all das kann doch nicht real sein

Wie kann all das real sein?

Verloren in diesem Film
gehe ich durchs Leben,
und frage mich:

Wie kann es sein, dass
mein Leben so sehr Film ist,
mehr Film als Leben,
alles wirkt durchgeplant
obwohl nichts davon
je vorhersehbar war –

Wie in einem Film,
mehr Drama als alles andere,
und ich bin mittendrin

Life is a movie,
and the script is written by the time
that's passing by with every day
and never coming back

Some moments come back –
they repeat over and over again,
and I'm trapped in this movie
that's called "my life,"
but doesn't feel like a life.

Everything seems so surreal.

It just can't be possible
to live so much in a movie,
and to live life at the same time

How is that supposed to be possible?

Life is a movie,
and I'm getting lost
between the lines of the script
that my life once wrote for me

Don't know where I am;
don't know who I am

Das Leben ist ein Film
und das Drehbuch schreibt die Zeit,
die mit jedem Tag vergeht
und nicht zurückkommt

Manche Momente kommen zurück –
sie wiederholen sich immer und immer wieder,
und ich bin gefangen in diesem Film
der sich „mein Leben" nennt
sich jedoch nicht so anfühlt

Alles wirkt so surreal.

Es kann doch nicht möglich sein,
so sehr im Film zu leben
und zugleich das Leben zu leben

Wie soll das möglich sein?

Das Leben ist ein Film
und ich verlaufe mich
zwischen den Zeilen des Drehbuchs,
das das Leben für mich schrieb

Weiß nicht wo ich bin,
weiß nicht wer ich bin

Who do I want to be;
where do I want to go?

I just don't know.

So I continue to live this movie,
lost watching what happens
as if I had no influence on it –
but maybe I don't have
an influence on it

Because life is a movie –
at least that's how it feels

The events come thick and fast –
nothing fits together,
and yet
everything.

Nothing makes sense,
and yet
everything.

And I'm asking myself:
does life have a meaning?

Wer will ich sein,
wo will ich hin?

Ich weiß es einfach nicht.

Also lebe ich weiter diesen Film,
schaue verloren zu was passiert,
als hätte ich keinen Einfluss darauf –
doch vielleicht habe ich auch
keinen Einfluss darauf

Denn das Leben ist ein Film –
so fühlt es sich zumindest an

Die Ereignisse überschlagen sich –
nichts passt zusammen,
und doch
alles.

Nichts ergibt Sinn,
und doch
alles.

Und ich frage mich:
Hat das Leben einen Sinn?

Does life really mean living
or more being part of a movie,
searching for a way –
the beginning,
the end?

Does this movie have a happy end?

I don't know –
I don't know yet,
and I'm nothing but overwhelmed
because so much is happening,
everything fits together,
yet nothing fits together

Just like a bad movie –
the script written
by amateurs,
people who don't have any clue –

but maybe
that's the answer to my question
for how it's possible
that this life feels more
like a movie
than like a life

Bedeutet Leben wirklich leben
oder viel mehr im Film sein,
auf der Suche nach einem Weg
dem Anfang,
dem Ende?

Hat dieser Film ein Happy End?

Ich weiß es nicht -
noch weiß ich es nicht
und bin nur noch überfordert,
weil so vieles passiert
alles passt zusammen,
zugleich passt nichts zusammen

Wie in einem schlechten Film -
das Drehbuch geschrieben
von Amateuren,
Menschen, die keine Ahnung haben -

Doch vielleicht
ist das die Antwort
auf meine Frage wie es sein kann
dass sich das Leben viel mehr
nach Film anfühlt
als nach einem Leben

Life is a movie
that tells my story.

The story of an amateur –
written down in a script
that's called the life
but doesn't feel like life very often –
much more like a movie,
and I'm in the middle of it

Life is a movie,
and I am
in the middle of it –
in the middle of this movie
that's called
my life

Life is a movie –
and I am living the movie.

Das Leben ist ein Film,
der meine Geschichte erzählt.

Die Geschichte eines Amateurs –
niedergeschrieben in einem Drehbuch,
das sich das Leben nennt,
sich doch nur selten danach anfühlt –
viel mehr nach einem Film,
und ich bin mittendrin

Das Leben ist ein Film
und ich bin mittendrin –
in diesem Film
der sich
mein Leben
nennt

Das Leben ist ein Film –
und ich lebe den Film.

Take a Look at the Sky

Looking at the sky
always gives me hope –

The sky is endless,
and on some days
I feel like I can look
into the universe
and everything
feels so huge,
yet I feel so small,
so insignificant

And that gives me
even more hope –

because in the end
everyone's existence is
something special and unique,
but we don't have to do
anything special and unique
to be exactly that –

Schau in den Himmel

In den Himmel schauen
gibt mir immer Hoffnung –

Der Himmel ist endlos,
und an manchen Tagen
fühle ich mich als könnte ich
ins Universum schauen
und alles
fühlt sich so groß an,
doch ich fühle mich so klein,
so unwichtig

Doch das gibt mir
nur mehr Hoffnung –

denn letztendlich
ist die Existenz eines jedem einzelnen
etwas Besonderes und Einzigartiges,
aber wir müssen nichts
besonderes und einzigartiges tun
um genau das zu sein –

That's what the sky reminds me of
on so many days,
and it gives me hope –
because I don't feel like
I have to achieve anything
or do anything special and unique
to be worth it

I'm always worth it.

So take a look at the sky,
especially when you feel like
everything is crashing down on you,
let the sky be your
encouragement
to face this life
with pride –

Genau daran erinnert mich
der Himmel an so vielen Tagen
und er gibt mir Hoffnung –
weil ich mich nicht fühle
als müsste ich etwas erreichen
oder etwas Besonderes und Einzigartiges tun
um es wert zu sein

Ich bin es immer wert.

Also schau in den Himmel,
vor allem wenn du dich fühlst
als stürze alles auf dich ein,
lass den Himmel deine
Ermutigung sein
um diesem Leben
mit Stolz zu begegnen –

On every single day,
no matter what you do
or if you're doing anything

You don't have to do anything
to be special and unique.

You're always special
and unique,

and always worth it.

An jedem einzelnen Tag,
egal was du tust
oder ob du etwas tust

Du musst nichts tun
um besonders und einzigartig zu sein.

Du bist immer besonders
und einzigartig,

und du bist es immer wert.

Campfire Moments

We're sitting here –
together,
in the grass

We're smoking a little too much,
as well as drinking some beers,
our favorite songs are playing in the background –
and in this moment
everything we feel
is freedom

Our hearts –
filled with the feeling of freedom,
are connected in deep friendship

Everything that matters today is
this moment.

Crackling wood,
blazing flames –
a campfire keeps us warm
tonight

Lagerfeuermomente

Gemeinsam
sitzen wir hier
auf dem Boden im Gras

Es wird etwas zu viel geraucht
und ein wenig Bier getrunken,
im Hintergrund spielen
unsere Lieblingssongs
und wir fühlen uns
für einen Moment frei

Freiheit in unseren Herzen
und unsere Herzen verbunden
in tiefer Freundschaft

Alles, was heute zählt, ist
dieser Moment.

Knisterndes Holz,
lodernde Flammen,
ein Lagerfeuer spendet Wärme
in dieser Nacht

We are here,
sitting around the campfire
in the grass –
and everything that matters
is this moment

Yesterday doesn't exist anymore,
what's going to happen tomorrow
has no value yet –
because everything that matters
is this moment right now

We're sitting here, together,
and enjoy the feeling of
freedom in our hearts,
as well as the warm feeling
inside of us –

caused by the campfire
and the friendship
that connects us

Wir sind hier
in einem Kreis um das Lagerfeuer
auf dem Boden im Gras sitzend –
und alles, was zählt, ist
dieser Moment

Was gestern war
schon längst vergessen,
was morgen sein wird
hat noch keinen Wert,
denn gerade zählt nur dieser Moment

Gemeinsam sitzen wir hier
und genießen die Freiheit
im Herzen,
sowie die Wärme
in uns –

erzeugt durch das Lagerfeuer
und die Freundschaft,
die uns verbindet

Today
all that matters
is this moment,
and it's this moment
that gives us hope for the future

Because we know that

no matter what's going to happen,
we're never completely alone –

because we have each other.

Heute
zählt nur der Moment
und dieser Moment ist es,
aus dem wir Hoffnung
und Zuversicht mitnehmen

Denn wir wissen:

Egal was passiert,
wir sind nie wirklich allein –

denn wir haben einander.

Have You Ever?

Have you ever met someone
who changed your view on everyone else
so much that everything seems like
it makes sense but it makes no sense
at the same time?

Have you ever met someone
who opened your eyes
without them knowing
that this is what they do?

Have you ever met someone
who makes you feel hope,
but at the same time everything is scary?

Have you ever met someone
who makes you feel like
the sun is shining
while it's raining,
and in the distance you're hearing thunder?

Hast du jemals?

Hast du jemals einen Menschen getroffen,
der deinen Blick auf alle anderen
so sehr verändert hat,
dass alles plötzlich sinnlos
und sinnvoll zugleich scheint?

Hast du jemals einen Menschen getroffen,
der dir die Augen geöffnet hat
ohne zu wissen,
dass er genau das tut?

Hast du jemals einen Menschen getroffen,
der dir das Gefühl von Hoffnung gibt
doch zugleich ist alles beängstigend?

Hast du jemals einen Menschen getroffen,
der dir das Gefühl gibt,
dass die Sonne scheint
während es regnet,
und in der Ferne hörst du es gewittern?

Have you ever met someone
who makes you feel like
you understand everything,
but at the same time, nothing at all?

Have you ever met someone
who makes you feel like
heaven on earth,
but at the same time,
everything around you burns
like you just arrived in hell?

Have you ever met someone
who makes you feel exactly
like I just described?

Maybe you've met someone then
who makes your head go so crazy
that your emotions are going crazy too,
but as sensible as it may seem,
nothing really makes sense
because the emotional chaos
is always stronger –
caused by love

Hast du jemals einen Menschen getroffen,
der dir das Gefühl gibt,
dass du alles verstehst
und zugleich gar nichts?

Hast du jemals einen Menschen getroffen,
der dir das Gefühl gibt,
dass die Erde der Himmel ist
und zugleich
brennt alles um dich herum,
als wärst du gerade in der Hölle angekommen?

Hast du jemals einen Menschen getroffen,
der dich genauso fühlen lässt,
wie ich es gerade beschrieben habe?

Dann hast du vielleicht einen Menschen getroffen,
der dir so sehr den Kopf verdreht hat,
dass deine Emotionen verrücktspielen
und so sinnvoll alles auch scheint,
nichts wirklich Sinn ergibt,
weil das emotionale Chaos
ausgelöst durch Liebe
immer überwiegt

In this person you might have found
your special someone
who will change everything
and it's going to last,
because with them
everything is different

In this person
you might have found
your special someone –
the person you've been
secretly waiting for,
the person you've been
secretly searching for,
without really searching for someone –

But suddenly everything makes sense.

With this person
everything makes sense,
even if you feel like
you don't understand
anything anymore,
because your emotions are going crazy
and you can't seem to access them

Mit diesem Menschen
hast du vielleicht einen Menschen getroffen,
der alles verändern wird –
vor allem nachhaltig –
weil sich mit diesem Menschen
alles anders anfühlt als je zuvor

Mit diesem Menschen
hast du vielleicht
den einen Menschen getroffen,
auf den du insgeheim
immer gewartet hast,
nach dem du insgeheim
immer gesucht hast
ohne wirklich nach ihm zu suchen –

Doch plötzlich ergibt alles einen Sinn.

Mit diesem Menschen
ergibt alles einen Sinn,
auch wenn es sich so anfühlt,
als verstehe man
gar nichts mehr,
weil die Emotionen verrücktspielen
und man nichts davon greifen kann

But that's exactly the meaning behind it –
love.

In this person you might have found
your special someone –
the person you love so much
that you can't find the words
to describe it

And no word seems to be
grand enough,
because this person is so much more
than anyone else before
and anyone you will meet

This person is everything –
the meaning of love
to you

Hold on to this person.
As tight as you can.

Doch ist genau das der Sinn –
Liebe.

Mit diesem Menschen
hast du vielleicht
den einen Menschen getroffen,
den du so sehr liebst,
dass dir die Worte dafür fehlen

Und kein Wort
genug scheint,
denn dieser Mensch ist so viel mehr
als alle anderen zuvor
und alle die noch kommen werden

Dieser Mensch ist alles –
der Inbegriff von Liebe
für dich

Halte diesen Menschen fest.
So fest wie du kannst.

This One Person

I wish
I had the words
to describe
what I feel for you,
what's happening inside of me
when you look at me,
what I'm thinking about
when I think about you –
but it's impossible
to put these feelings into words

No words in this world
could ever describe
what I feel for you,
and what's happening inside of me
when you look at me

Because every time
you're looking at me,
you're deeply looking into my eyes,
I forget everything that's around me

Dieser eine Mensch

Ich wünschte,
ich hätte die Worte,
um zu beschreiben,
was ich für dich fühle,
was in mir vorgeht,
wenn du mich ansiehst,
was ich denke,
wenn ich an dich denke,
doch es ist unmöglich,
diese Gefühle in Worte zu fassen

Keine Worte dieser Welt
könnten jemals beschreiben,
was ich für dich fühle
und was in mir vorgeht,
wenn du mich ansiehst

Denn jedes Mal,
wenn du mich ansiehst,
du mir tief in die Augen schaust,
vergesse ich alles um mich herum

The world stands still;
it stops turning,
and I never want to leave,
want to be always by your side,
and share every little moment
with you,
no matter how insignificant it seems

I want to share everything with you.

I want to share
every little moment with you,
and when it's not possible
I want to tell you about
what I experienced –
so that you can still
be a part of it

Because you are a part of me.

Die Welt bleibt stehen,
hört auf sich zu drehen
und ich will nie wieder gehen,
will immer an deiner Seite sein,
jeden noch so kleinen Moment
mit dir teilen,
egal wie unwichtig er scheint

Ich will alles mit dir teilen.

Jeden noch so kleinen Moment
will ich mit dir verbringen
und ist es nicht möglich,
will ich dir erzählen,
was ich erlebt habe,
damit du dennoch
Teil davon sein kannst

Weil du ein Teil von mir bist.

A part of my life,
the most beautiful part of my life,
because I'm nothing but happy with you

You make me indescribably happy.

Indescribably,
because there are no words –
no words could
ever describe
how happy you're making me

I don't even understand it myself
how it's possible
that one single person
can make me so
unbelievably happy,
just when I think about them

Because every time
I'm thinking about you,
I'm smiling like an idiot,
because it's so beautiful
to know you're by my side

Ein Teil meines Lebens,
der schönste Teil meines Lebens,
denn mit dir bin ich einfach glücklich

Du machst mich unbeschreiblich glücklich.

Unbeschreiblich,
weil es keine Worte dafür gibt,
keine Worte können
jemals beschreiben,
wie glücklich du mich machst

Ich verstehe es ja selbst nicht,
wie es möglich sein kann,
dass ein einzelner Mensch
mich so unfassbar
glücklich machen kann,
allein beim Gedanken an ihn

Denn immer,
wenn ich an dich denke,
muss ich grinsen wie ein Idiot,
weil es so schön ist,
dich an meiner Seite zu haben

And to be so happy with you
that I'm at a loss for words
to describe
what I'm feeling for you,
what's happening inside of me
when you look at me,
what I'm thinking
when I'm thinking about you,
and how happy I am because of you

I don't know how it's possible,
but it's the most beautiful feeling
I've ever been able to feel.

And when I think about the fact
that you're the person
who makes me feel this way,
it's even more beautiful

Everything with you is just beautiful.

Und mit dir so glücklich zu sein,
dass mir die Worte fehlen
um zu beschreiben,
was ich für dich fühle,
was in mir vorgeht,
wenn du mich ansiehst,
was ich denke,
wenn ich an dich denke
und wie glücklich du mich machst

Keine Ahnung, wie das möglich ist,
doch es ist das wohl schönste Gefühl,
das ich je fühlen konnte.

Und wenn ich daran denke,
dass du der Mensch bist,
der dieses Gefühl in mir auslöst,
ist es noch viel schöner

Alles mit dir ist einfach nur schön.

Every moment,
every second –
the most important thing is
that you are there,
only you and me –

You're the only one I want.

I want to walk through life with you,
hand in hand
until the end of the world
and back –
the most important thing is
that you're with me

Because I know that
I can do everything
with you –
I can climb every mountain,
I can achieve every goal,
I can overcome every obstacle

Jeder Moment,
jede Sekunde,
das Wichtigste ist,
du bist da,
nur du und ich –

Ich will nur dich.

Will mit dir durchs Leben laufen,
Hand in Hand
bis ans Ende der Welt
und wieder zurück,
das Wichtigste ist,
du bist bei mir

Denn ich weiß,
mit dir an meiner Seite
kann ich alles schaffen,
kann jeden Berg erklimmen,
jedes Ziel erreichen,
jede Hürde überwinden

Just by knowing
you're by my side.

I don't want more,
I don't need more,
only you and me –

You're the only one I want.

Even though
it's a little scary
to have such intense feelings
for someone,
yet it just feels right

It feels so damn right
to know you're by my side,
to walk hand in hand
through life with you,
and feel all these
overwhelming feelings –

Nur mit dem Wissen,
dass du an meiner Seite bist.

Mehr will ich nicht,
mehr brauche ich nicht,
nur du und ich –

Ich will nur dich.

Auch wenn es
ein wenig beängstigend ist,
so starke Gefühle
für einen Menschen zu haben,
zugleich fühlt es sich richtig an

Es fühlt sich so verdammt richtig an,
dich an meiner Seite zu wissen,
Hand in Hand
mit dir durchs Leben zu gehen
und all diese überwältigenden
Gefühle zu spüren –

When I'm thinking about you,
when you're with me
when you're looking at me,
when you're looking in my eyes

And suddenly
the world stands still;
it stops turning –
suddenly it's only us,
only you and me

Suddenly it's only us,
only you and me,
there's not more –
and I don't need more

**Because nothing else matters
when you're with me.**

The world could be going down,
as long as you're by my side
I don't care at all

Wenn ich an dich denke,
wenn du bei mir bist,
wenn du mich ansiehst,
wenn du mir in die Augen schaust

Und die Welt
bleibt plötzlich stehen,
sie hört auf sich zu drehen –
plötzlich gibt es nur noch uns,
nur dich und mich

Plötzlich sind da nur noch wir,
nur du und ich,
mehr gibt es nicht –
und mehr brauche ich auch nicht

**Denn bist du bei mir
ist alles andere egal.**

Die Welt könnte untergehen,
doch solange du an meiner Seite bist,
ist alles andere scheißegal

With you I just feel safe –
and I don't know
if this feeling
has ever been stronger

The feeling of safety
you're making me feel
is stronger than ever

Because with you I can
be myself,
no matter how fucked up
I am in that moment,
it makes no difference
when it comes to us –
because we're there for each other
no matter what it's about

And knowing that
gives me infinite safety.

Mit dir fühle ich mich einfach wohl
und ich weiß nicht,
ob dieses Gefühl
je stärker war

Das Gefühl von Sicherheit,
das du mir gibst,
ist stärker als je zuvor

Denn bei dir kann ich
ich selbst sein,
egal wie abgefuckt
mein Ich gerade ist,
es macht für uns
keinen Unterschied,
weil wir füreinander da sind,
ganz egal worum es geht

Und das zu wissen
gibt mir unendlich viel Sicherheit.

With you I feel whole –
I'm finally there
when I lay in your arms,
when you look at me,
and my heart beats faster
with every passing second,
until our lips slowly touch,
the heartbeat gets even more intense,
and for a moment
the world is standing still

Nothing around us matters anymore,
it's only you and me,
just us.

Hand in hand through life,
and I can't think of anything
more beautiful
than walking through life
by your side

Mit dir fühle ich mich vollkommen,
bin endlich angekommen
wenn ich in deinen Armen liege,
du mich ansiehst,
mein Herz sekündlich
schneller schlägt,
sich dann langsam unsere Lippen berühren,
das Herzrasen noch intensiver wird
und für einen Moment
bleibt die Welt stehen

Alles um uns rum ist nebensächlich,
dann gibt es nur noch dich und mich,
nur uns.

Hand in Hand durchs Leben
und ich könnte mir nichts
Schöneres vorstellen,
als an deiner Seite
durchs Leben zu gehen

Hand in hand,
no matter where –

it doesn't matter
where we're going
or where we are

All that matters is
that you are there,
that you are with me,
because it's just you –

You're this one person for me.

This one person
without whom nothing makes sense,
without whom one doesn't feel whole,
with whom every moment is special,
with whom everything feels right
even though nothing else makes sense

Hand in Hand,
egal wohin –

solange du bei mir bist,
denn es spielt keine Rolle,
wohin wir gehen oder wo wir sind

Das Wichtigste ist,
dass du da bist,
dass du bei mir bist,
denn du bist es einfach –

Du bist dieser Mensch für mich.

Dieser eine Mensch
ohne den nichts Sinn macht,
ohne den man sich nicht komplett fühlt,
mit dem jeder Moment besonders ist,
mit dem sich alles richtig anfühlt,
auch wenn sonst nichts Sinn macht

With you by my side
everything is good,
and I'm happy –

happier than ever,
because you're just
this one person for me

This one person
without whom nothing makes sense,
without whom one doesn't feel whole,
with whom every moment is special,
with whom everything feels right
even though nothing else
makes sense –

You always make me happy.

Because of you
I'm the happiest person in the world.

Mit dir an meiner Seite
ist alles gut
und ich bin glücklich –

glücklicher als je zuvor,
denn du bist einfach
dieser Mensch für mich

Dieser eine Mensch
ohne den nichts Sinn macht,
ohne den man sich
nicht komplett fühlt,
mit dem jeder Moment besonders ist,
mit dem sich alles richtig anfühlt,
auch wenn sonst nichts Sinn macht –

Du machst mich immer glücklich.

**Deinetwegen bin ich
der glücklichste Mensch der Welt.**

I've never been this happy,
because despite all the great moments,
none of them were that great
than to know
that you're by my side,
that you're taking my hand,
and that you're walking
this path with me,
no matter how long it might be

You're walking this path with me,
you're catching me when I'm falling,
when nothing makes sense anymore
you're catching me,
that's what I can count on

And I promise,
I will do exactly the same for you.

No matter what it's about,
you can always count on me.

No matter what it's about,
I will always be there for you,
just like you're always there for me.

Noch nie zuvor war ich so glücklich,
denn trotz all den tollen Momenten
war keiner davon so toll,
wie das Wissen,
dass du an meiner Seite bist,
meine Hand nimmst
und diesen Weg
mit mir gehst,
egal wie weit er auch sein mag

Du gehst den Weg mit mir,
fängst mich auf wenn ich falle,
wenn nichts mehr Sinn macht,
dann fängst du mich auf,
darauf kann ich mich verlassen

Und ich verspreche dir,
all das tu ich auch für dich.

Egal, was es ist,
du kannst auf mich zählen.

Egal, worum es geht,
ich bin immer für dich da,
so wie du für mich da bist.

And I'll catch you
when you're falling,
when nothing makes sense anymore –

I'll catch you,
and I hold you close
until the broken parts grow together,
and you're whole again,
so we can move on
together
to share even more
beautiful moments
and create memories together

Memories
we can always remember,
and therefore always have something
that makes us happy,
even if we can't be
next to each other

Und ich fange dich auf,
wenn du fällst
und nichts mehr Sinn hat –

Ich fange dich auf,
und halte dich fest,
so lange bis die Splitter zusammenwachsen
und du wieder ganz bist,
damit wir gemeinsam
weitergehen können
um noch mehr schöne
Momente zu erleben
und Erinnerungen zu erschaffen

Erinnerungen,
an die wir immer zurückdenken können
und somit immer etwas haben,
was uns glücklich macht,
auch wenn wir nicht
beieinander sein können

Because in the end
the place you're at
makes no difference,
because I know
you're always with me,
in whatever kind of way

I can always count on you,
I can always rely on you,
no matter where I am.

And even though
I prefer to be next to you,
just knowing
that you're by my side
means so much to me,
that nothing else matters –

Because it doesn't change
my feelings
if you're sitting next to me or not.

Denn letztendlich ist der Ort,
an dem du bist,
nebensächlich,
weil ich weiß,
dass du immer bei mir bist,
in welcher Form auch immer

Auf dich kann ich immer zählen,
ich kann mich immer auf dich verlassen,
ganz egal wo ich bin.

Und auch,
wenn ich am liebsten bei dir bin,
ist allein das Wissen,
dass du an meiner Seite bist,
so unfassbar viel Wert,
dass alles andere nebensächlich ist –

Weil es meine Gefühle
nicht verändert,
ob du neben mir sitzt oder nicht.

You're just this one person for me –
this one person,
without whom nothing makes sense,
without whom one doesn't feel whole,
with whom every moment is special,
with whom everything feels right,
even though nothing else makes sense

**Because with you by my side,
everything is good.**

You're my anchor,
with you I feel safe.

You're my haven of peace,
with you I feel comfortable.

**You're all of that,
and so much more.**

Du bist einfach dieser Mensch für mich –
dieser eine Mensch
ohne den nichts Sinn macht,
ohne den man sich nicht komplett fühlt,
mit dem jeder Moment besonders ist,
mit dem sich alles richtig anfühlt,
auch wenn sonst nichts Sinn macht

**Denn mit dir an meiner Seite
ist alles gut.**

Du bist mein Anker,
mit dir fühle ich mich sicher.

Du bist mein Ruhepol,
mit dir fühle ich mich wohl.

**Du bist all das
und so viel mehr.**

Lifechanging

Some moments are lifechanging,
some people are, too.
And when I think about
lifechanging people,
I'm thinking of you.

I'm thinking of all of you –
the good parts,
the less good parts,
what you say and what you do,
but mostly
I'm thinking of you.

You're a colorful wonder –

your most beautiful colors
shining brighter than anything else,
and the less beautiful colors
still express
a little bit of hope,
though it may seem
like there's nothing left,
not even a little bit,
there's still hope within you

Lebensverändernd

Manche Momente sind lebensverändernd,
manche Menschen sind es auch,
und wenn ich an
lebensverändernde Menschen denke,
denke ich an dich

Ich denke an alles, was dich ausmacht –
die guten Teile,
die weniger guten Teile,
was du sagst und was du tust,
doch vor allem
denke ich an dich

Du bist ein farbenfrohes Wunder –

deine schönsten Farben
scheinen heller als alles andere,
und die weniger schönen Farben
drücken immer noch
ein wenig Hoffnung aus,
auch wenn es so scheint,
als wäre keine mehr da,
nicht mal ein kleines bisschen,
in dir ist immer Hoffnung

You're beautiful
in every way,
not only how you look
or what you say,
but everything you are –

You're the most beautiful human
I have ever met,
yet it seems like
nobody can ever shine
as bright
as you

To me,
you're a personified wonder –

I don't know how it's possible
but I know it is,
because even thinking of you
makes me feel
like there's nothing left
besides you and me.

"Meant to be"
always seemed like a lie to me,
but since I met you
everything makes sense

Du bist wunderschön
in jeglicher Hinsicht –
nicht bloß wie du aussiehst
oder was du sagst,
sondern alles, was du bist –

Du bist der schönste Mensch,
den ich je kennengelernt habe,
und es kommt mir vor
als könnte niemand
so hell scheinen
wie du

Für mich bist du
ein Wunder in Person –

Ich weiß nicht, wie es möglich ist,
doch ich weiß das ist es,
denn bloß an dich zu denken
lässt mich fühlen
dass es nichts gibt,
nichts außer uns

„Füreinander bestimmt"
kam mir immer wie eine Lüge vor,
doch seit ich dich kennengelernt habe,
ergibt alles Sinn

You're my reason
to keep fighting,
to face every single day,
and when I'm totally honest
I can't think of a way
to go on without you –

Not in the toxic way,
I'd surely find out how,
but I don't want to
think about that
right now

Because right now
it's only you and me,
and I know
we're meant to be –

And no matter what happens
I will always love you,
until the end of time.

Du bist mein Grund weiterzukämpfen,
mich jedem weiteren Tag zu stellen,
und wenn ich komplett ehrlich bin
wüsste ich nicht
wie ich ohne dich
weitermachen sollte –

Nicht im toxischen Sinne,
ich würde sicherlich herausfinden wie,
aber das ist etwas,
über das ich gerade
nicht nachdenken möchte

Denn gerade
gibt es nur dich und mich,
und ich weiß
wir sind füreinander bestimmt –

Und ganz egal was passiert,
ich werde dich immer lieben,
bis ans Ende der Zeit.

Hard to Put Into Words

Starry night –
only you and me
at the highest point in town

How I am feeling?
Hard to put into words.

Laying here with you,
cuddling while watching the stars,
one look at you –
a quick look at your dreamy face

So many feelings inside of me –
hard to put into words.

You look at me,
ask why I'm staring at you –

"There's nothing more beautiful to me," I say,
"There's nothing more beautiful to me than you."

Kaum in Worte zu fassen

Sternenklare Nacht –
nur du und ich
am höchsten Punkt der Stadt

Wie ich mich fühle?
Kaum in Worte zu fassen.

Mit dir hier liegen,
Arm in Arm die Sterne beobachten,
zu dir hinüberschauen –
ein Blick in dein verträumtes Gesicht

So viele Gefühle in mir -
kaum in Worte zu fassen.

Du schaust zu mir hinüber,
fragst, wieso ich dich beobachte –

„Es gibt nichts Schöneres für mich", sage ich,
„Es gibts nichts Schöneres für mich als dich."

You're looking at me again –
you look at me,
first questioning, then smiling –
you're smiling at me,
and I can barely believe
how lucky I am

It's hard to put into words
how happy I am because of you.

"Oh, you make me so happy," I say,
"So much that I'm at a loss for words."

And you're smiling even bigger,
you look me deeply in the eyes –
your glance drives me crazy,
and makes my heart race

So many endorphins,
the pure feeling of happiness –
hard to put into words.

Und wieder schaust du mich an,
du schaust mich an,
kurz fragend, dann lächelnd –
du grinst in mein Gesicht
und ich kann mein Glück
kaum fassen

Es ist kaum in Worte zu fassen,
wie glücklich du mich machst.

„Oh, du machst mich so glücklich", sage ich,
„So sehr, dass mir die Worte fehlen."

Und du grinst noch breiter,
schaust mir tief in die Augen –
dein Blick macht mich verrückt,
bringt mein Herz zum Rasen

So viele Endorphine,
das pure Gefühl von Glück –
kaum in Worte zu fassen.

"I have never felt this way," I say,
"I have never felt so much for someone."

One more sigh of happiness,
then I look up
at the sky again –
I grab your hand,
and hold you
as close as possible

The feeling of safety within me,
that's so present
when I'm with you,
even when I just think about you

You're giving me
the feeling of safety –
how strong?

Hard to put into words.

„So habe ich mich noch nie gefühlt", sage ich,
„Noch nie habe ich so viel für jemanden gefühlt."

Einmal noch zufrieden seufzen,
dann schaue ich
wieder in den Himmel –
greife deine Hand
und halte dich
so nah ich kann

In mir das Gefühl von Sicherheit,
das so präsent ist,
wenn ich bei dir bin,
wenn ich auch nur an dich denke

Du schenkst mir
das Gefühl von Sicherheit –
wie stark?

Kaum in Worte zu fassen.

"It's just so beautiful," I whisper into the night,
"Everything with you is indescribably beautiful."

Hard to hear,
yet you can hear me –
you grab my hand even tighter,
and I know you feel the same way

You feel the same way as I do –
that's what makes it
even more beautiful

What we have is just perfect –
hard to put into words.

And no matter how often I try,
as fitting as my words may be –
no expression is enough to describe
what I'm feeling for
and because of you,
and what you're doing to me

How happy I am because of you –
hard to put into words.

„Es ist einfach so schön", flüstere ich in die Nacht,
„Alles mit dir ist unbeschreiblich schön."

Kaum hörbar
und doch hörst du es –
hältst meine Hand noch fester
und ich weiß es geht dir nicht anders

Dir geht es genauso wie mir,
was das alles
noch viel schöner macht

Das mit uns ist einfach perfekt –
kaum in Worte zu fassen.

Und so oft ich es auch versuche,
so treffend meine Worte auch sind –
kein Ausdruck wird dem gerecht,
was ich für dich,
was ich dank dir fühle,
was du mit mir machst

Wie glücklich du mich machst –
kaum in Worte zu fassen.

I'm looking at you again –
you, the person I love so much,
more than anyone else ever before

"I love you," I say,
"I love you so much
that I can't express it."

And I look up at the sky again –
just for a moment,
because I feel your glances

You're looking at me,
I'm looking at you –
I look at your
beautiful face,
there is only you and me

The world stops turning,
anything around us
suddenly doesn't matter anymore –
there's nothing but you and me

My heart is beating so fast –
it's hard to put into words.

Wieder schaue ich dich an,
den Menschen, den ich so sehr liebe,
mehr als jeden anderen Menschen zuvor

„Ich liebe dich", sage ich,
„Ich liebe dich so sehr,
dass mir die Worte fehlen."

Und schaue wieder in den Himmel –
nur für einen Moment,
denn ich spüre deine Blicke

Du schaust zu mir,
ich schaue zu dir –
blicke in dein
wunderschönes Gesicht,
da sind nur du und ich

Die Welt bleibt stehen,
alles um uns rum
ist plötzlich egal –
es gibt nur noch dich und mich

Mein Herz schlägt so schnell –
es ist kaum in Worte zu fassen.

And we look at each other –
I don't even know for how long,
because the time
stands still in this moment

Our glances tell stories –
hard to put into words.

"You're everything to me," I whisper in your ear,
"You're everything I have ever dreamed of."

We're looking at each other again –
so intense that my heart
keeps beating faster and faster

I look into your eyes,
get a little closer to you –

there are just
a few centimeters between us,
and for a short moment
there is almost no air

Und wir schauen uns an –
ich weiß nicht mal wie lange,
denn die Zeit
steht still in diesem Moment

Unsere Blicke erzählen Geschichten -
kaum in Worte zu fassen.

„Du bist alles für mich", flüstere ich in dein Ohr,
„Du bist alles, wovon ich immer träumte."

Wieder schauen wir uns an,
so intensiv, dass mein Herz
immer schneller schlägt

Ich schaue dir in die Augen,
komme noch ein bisschen näher –

nur noch wenige Zentimeter
sind zwischen uns,
für einen kurzen Moment
gibt es kaum noch Luft

Until I take a deep breath,
I look deeply
into your eyes again –
the eyes
I see my future in,
because you're the person
I see my future in

And with this thought,
the feeling of happiness,
and the feeling of
finally being there,
I close my eyes

With my hand in your hair,
I look at you again for a moment –
your eyes are closed, too,
and you look dreamy –

dreamy, happy,
and indescribably beautiful –

hard to put into words.

Bis ich tief einatme,
dir noch einmal
tief in die Augen schaue –
die Augen,
in denen ich meine Zukunft sehe,
weil du der Mensch bist,
in dem ich meine Zukunft sehe

Und mit diesem Gedanken,
dem Gefühl von Glück
und dem Gefühl,
endlich angekommen zu sein,
schließe ich meine Augen

Mit meiner Hand in deinem Haar,
schaue ich noch einmal kurz zu dir –
auch deine Augen sind geschlossen,
verträumt siehst du aus –

verträumt, glücklich
und so unbeschreiblich schön –

kaum in Worte zu fassen.

I run through your hair,
pull you even closer to me,
close my eyes again,
and within seconds
our lips touch

Endorphins,
they flow through me,
every cell of my body –

**Everything feels so good with you –
it's hard to put into words.**

Ich fahre durch deine Haare,
ziehe dich noch näher zu mir,
schließe wieder meine Augen
und in Sekundenschnelle
berühren sich unsere Lippen

Endorphine,
sie durchströmen mich,
jede Zelle meines Körpers –

Alles fühlt sich so gut an mit dir –
es ist kaum in Worte zu fassen.

Something to Hold On To

No matter what you do,
no matter where you go,
try to smile no matter what –
because even if it feels
like there's no reason
I know there is:

ART.

The art is always with you,
no matter how you feel,
and art never judges
for how you feel
or why.

Turn on your favorite song,
the one
that always makes you smile.
Sing along
and try to go on
because there's always
something to hold on to.

Etwas, um daran festzuhalten

Ganz egal was du machst,
ganz egal wohin du gehst,
versuche zu lächeln, ganz egal was –
denn auch wenn es sich anfühlt
als gäbe es keinen Grund,
ich weiß es gibt ihn:

KUNST.

Die Kunst ist immer bei dir,
ganz egal wie es dir geht,
und sie verurteilt dich nicht
dafür, wie du dich fühlst,
oder warum.

Spiele deinen Lieblingssong ab,
den einen,
der dich immer zum Lächeln bringt,
sing mit
und versuche weiterzumachen,
denn es gibt immer
etwas, um daran festzuhalten.

Open a good book
and start reading,
get lost in the story,
clear your mind,
and try to go on
because there's always
something to hold on to.

Open a notebook
and start writing,
write down all of your thoughts,
pick up a pen
and try to go on
because there's always
something to hold on to.

Grab your instrument
and start jamming,
don't ever lose the beat,
sing along
and try to go on
because there's always
something to hold on to.

Öffne ein gutes Buch
und fang an zu lesen,
verliere dich in der Geschichte,
leere deinen Kopf
und versuche weiterzumachen,
denn es gibt immer
etwas, um daran festzuhalten.

Öffne ein Notizbuch
und fang an zu schreiben,
schreibe alle deine Gedanken nieder,
nimm deinen Füller
und versuche weiterzumachen,
denn es gibt immer
etwas, um daran festzuhalten.

Nimm dein Instrument
und fang an zu jammen,
verliere niemals den Beat,
sing mit
und versuche weiterzumachen,
denn es gibt immer
etwas, um daran festzuhalten.

Open a sketchbook
and start drawing,
create something
nobody has ever seen,
pick up a pencil
and try to go on
because there's always
something to hold on to.

Watch your favorite movie,
show or play,
hide in one of the characters,
pretend to be them
and try to go on
because there's always
something to hold on to.

No matter what you do,
no matter how you feel,
try to be creative
and show the world
that there's always
something to hold on to –

even if it seems otherwise.

Öffne dein Skizzenbuch
und fang an zu zeichnen,
erschaffe etwas,
das niemand zuvor gesehen hat,
nimm deinen Bleistift
und versuche weiterzumachen,
denn es gibt immer
etwas, um daran festzuhalten.

Schaue deinen liebsten Film,
Serie oder Theaterstück,
verstecke dich in einem der Charaktere,
gib vor er zu sein
und versuche weiterzumachen,
denn es gibt immer
etwas, um daran festzuhalten.

Ganz egal was du machst,
ganz egal wie es dir geht,
versuche kreativ zu sein
und zeige der Welt,
dass es immer etwas
um daran festzuhalten gibt –

auch wenn es anders scheint.

Because the art is always there,
in so many different ways –
try to find out
which one fits best
and hold on to it.

The art won't ever disappear,
no matter how much you fear –
the art will always be there,
no matter when or where.

Denn die Kunst ist immer da,
in so vielen verschiedenen Formen –
versuche herauszufinden,
welche am besten passt,
und halte dich daran fest

Die Kunst wird nicht verschwinden,
ganz egal wie sehr du dich fürchtest –
die Kunst wird immer da sein,
ganz egal wann oder wo

Art stays
forever.

Hold on,
and don't let go,
not ever.

**Kunst bleibt
für immer.**

**Halte dich daran fest,
und lasse nicht los,
niemals.**

 https://lennymika.com/

 iamlennymika

 iamlennymika

 iamlennymika

Lenny Mika wants to offer his thoughts a space –
a beautiful space: in words, lines, and in between.

That's exactly where you find him, because each of his writings also reflects a part of himself – regardless of what he writes about.

But Lenny Mika doesn't only write, he is a creative person in general - interested people can find more information about him online.

Lenny Mika möchte seinen Gedanken einen Raum bieten – einen schönen Raum:
in Worten, Zeilen und dazwischen.

Genau da findest du ihn, denn alles, was er schreibt, spiegelt zugleich auch eines Teil seines Selbst wider – ganz egal worüber er schreibt.

Aber Lenny Mika schreibt nicht nur, er ist ein kreativer Mensch im Allgemeinen – Interessierte finden mehr Informationen über ihn online.